土と暮らす家

もくじ

デザイン——三木俊一
髙見朋子（文京図案室）
写真——有賀傑
文——松本あかね
間取りイラスト——しらとり製図室
印刷——シナノ印刷株式会社

本書は２０１６年11月に発刊した『縁側のある家と暮らし』をもとに大幅な改訂・加筆のうえ、再編集したものです。住まい手の年齢や状況等は当時の情報に基づきます。

豊かな竹林と つながる ウッドデッキを 自由に使う

眞田大輔さん
建築家
［東京都］親＋夫婦＋子3人

リフティングの練習に
テーブル卓球。
ここは
家族皆が
自由に使えるウッドデッキ。

仕事や打合せをする
ことも増えた。
風も緑も気持ちがいい。
もちろん、洗濯干しには
うってつけの場所。

「質のよい風を
感じる」デッキは、
家族の団欒を
和やかにしてくれる。
食後のテーブルには
満ち足りた余韻が漂う。

笹の音を聞きながら
家族そろって食事をする。
この家を建ててから、
キャンプのような雰囲気を
気軽に味わえるようになった。
子どもとその友人は
ここにテントを張ると
大喜びしてくれる。

炭火で焼く本格派のハンバーガー。子どもたちも手慣れた様子でお手伝い。

林を切り拓いていたら
外とつながるプランが浮かんで

ダイニングから額縁で切り取ったように竹林が見える。建築家の眞田大輔さんが竹やぶ付きの土地を購入したのは、6年ほど前。「図面は10パターンぐらい引いたよ」。ひらめきが訪れたのは竹の伐採中。「チェーンソーで斜面を切り拓いていったら新しい世界が見えたというか。ここにデッキを作って、2階のリビングからフラットにつなげばいいいかもなって」。かくしてガレージと書斎を1階に、2階のデッキに面してリビングダイニング、キッチン、バスルームを配した家が生まれた。

この場所を何と呼んでいるかと聞くと、「そういえば、ただ〝外〟って呼んでいるなぁ」。ここでは家族6人分の洗濯物を干すし、子どもたちはサッカーの練習をしたり、テーブル卓球をしたりして盛り上がる。皆が学校へ行った後には、パソコンを持ち出して仕事をすることも。サッシの上に置いたポータブルスピーカーからは、抑えたボリュームで音楽が流れる。時折、斜面に生えているシャガやギボウシを揺らして清々しい風が吹き抜ける。「書斎もあるけど、ここがいちばん落ち着くから」。

以前は小さなアパート住まい。「その頃は週末になると海や山に出かけていたけれど、今はしないよね。だって、ここでキャンプしているみたいなものだもの。子どもの友達が泊まりにきて、テント張っていたりするからさ。鳥の声も聞こえるしね」。デッキでは薪ストーブのための薪割りや焚き火もする。飼い犬のハルが寝そべる傍らで、ウイスキーを飲むのが至福の時間だとか。

恒例のバーベキューも今はデッキでの楽しみのひとつ。家族皆で役割分担をして、てきぱきと作業が進む。炭に火をおこしながら大輔さんは言う。「そんなに長くないでしょ、子どもと一緒にいられるのは。だからこうやってごはんを食べることだったり、

コンパクトながら作業のしやすいキッチン。古い和ダンスをアイランドのように使って。

キッチンから直接デッキに出られるので、バーベキューの準備もスムーズ。

ロフトは子ども部屋。
切妻屋根の向こう側から
風が抜け、夏も涼しい。

腰掛けるのにちょうどよい
小上がりはリビング兼寝室。
ちゃぶ台を出して勉強したり、
ごろごろくつろいだり。

何か一緒にできる場所があるって大事なことだよね」。子どもたちも言う。「ヘビやトカゲやいろんな生き物に出会えるし、春は筍掘りも。外でごはんも食べられて、うちはいいなって思う」。

どんなときもたくましく暮らせる力を

住み始めて一年、妻の清香さんには新たなアイデアがある。「デッキの下に保存食を置こうと思っているんです」。一年中温度が安定しているから保存庫にぴったりだという。もうひとつは井戸を掘ること。「木や水が当たり前にある家というのかな。震災以来、ライフラインが途絶えても生活できるようにと自然に考えるようになって。いざとなれば火をおこして食べるものを作れるし、テントもひとつあれば寝られる。子どもたちにはそういうことを身につけていってほしい」。昔なら私も、家はインテリアや見ためが第一だったと思うんですけど、と笑う。「災害が起こったとき、ご近所さんや友人を助けられるくらいの家でありたいというのは、夫の根底にもあるものなので」と大輔さんのスピリットもしっかり共有。そんな想いや計画が、このデッキの上と下で進行中なのだった。

西側に竹林の繁る崖。
1階はガレージ。
2階と斜面の間に
デッキが見える。

デッキのガラス戸を閉め、玄関ドアから出入りするようになればそろそろ冬の始まり。

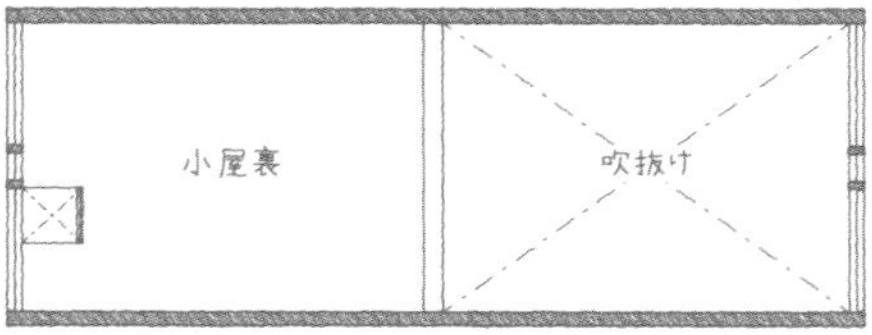
小屋裏
吹抜け

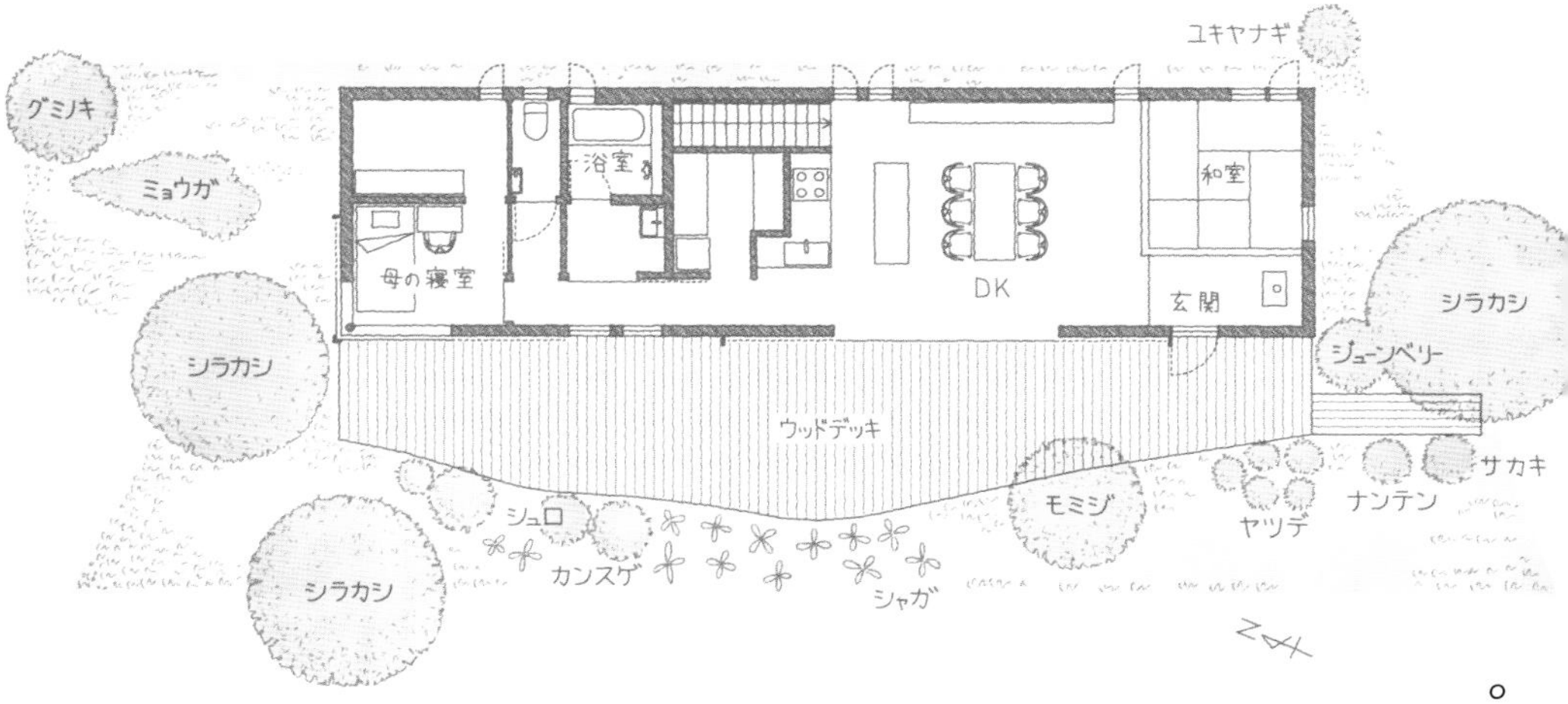
ユキヤナギ
グミノキ
ミョウガ
浴室
和室
母の寝室
DK
玄関
シラカシ
ジューンベリー
シラカシ
ウッドデッキ
サカキ
シュロ
モミジ
ヤツデ
ナンテン
カンスゲ
シャガ
シラカシ

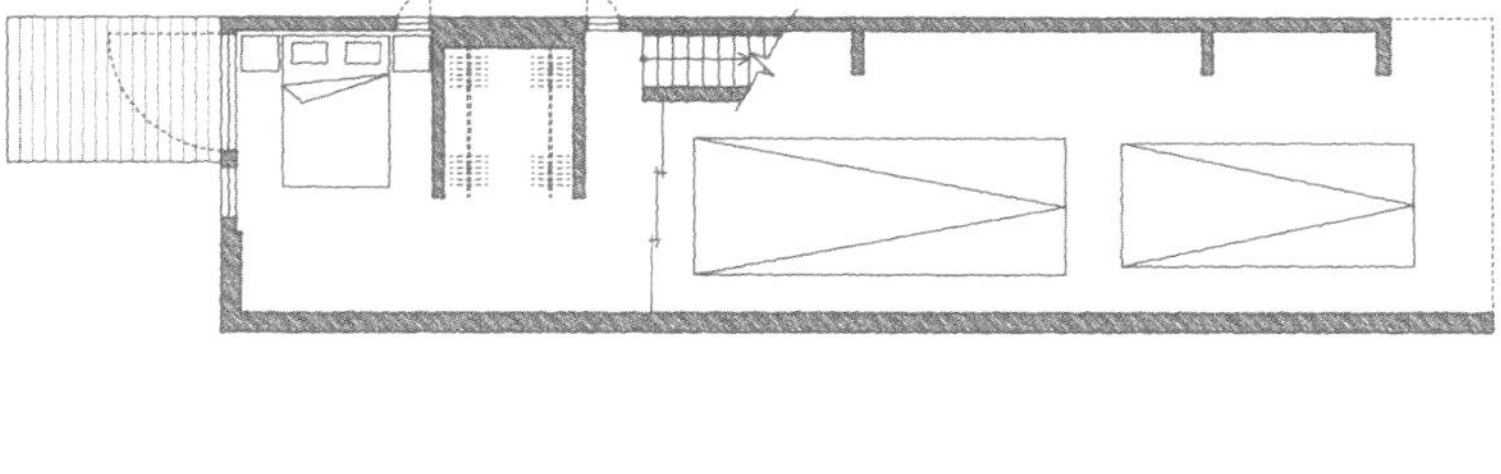

土、庭の木、風、光
心と体がゆるむ暮らし

山田奈美さん
薬膳・発酵料理家
「神奈川県」夫婦＋子1人

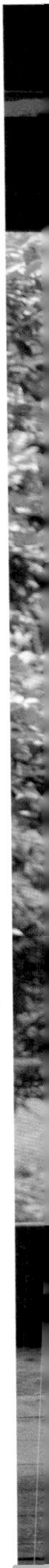

毎年行う梅しごと。
収穫した梅を
一粒ずつヘタを取り、
塩、梅、塩と交互に
瓶に詰めていく。

台所の勝手口。ここから裏庭に出て、洗濯物を干したり干し野菜を作ったり。

蒸籠に飯台、鰹節削り、
ガス台には鉄瓶と雪平鍋。
使い込まれた
台所道具が並ぶ。

れちゃうから」。和室との間に障子を入れればポカポカとサンルームのように暖かく、縁側はフル活用される季節になる。春が来たら障子と襖を取り払い、広間全体がひと続きの部屋になる。夏は山から涼しい風が吹き降り、縁側へと抜けていく。流しそうめんも夏の風物詩。畑仕事や湧き水を汲みに山へ行ってたくさん体を動かして帰ると、庭を眺めながら寝転んで、気づくと3人とも眠っていることもあるとか。山田さんは思う。「こうやって家族一緒の時間を大事にのんびり暮らすことが、暮らしを楽しむということなのかな」。

ここでの暮らしも6年目。山田さん一家が引っ越してくる前は、老朽化を理由に取り壊すつもりだった大家さんも、再び生き生きと住みこなされた暮らしぶりを見て満足そうだ。屋号の看板を作ってくれたり、教室のときなどに使うかまどの薪を確保してくれたりと、古家の暮らしを積極的にサポートしてくれている。

月に一度、山田さんは仕事で東京へ行く。帰り道、家の前の小径にさ

上・洗面台は
職人によるタイル貼り。
下・春日さんが制作に使う
霧吹き。窓拭きでも活躍。

しかかると、子どもの声や飼い犬のナナが吠える声が聞こえてくる。自然と足早になって玄関を開けると、息子さんが「おかえり！」と飛びついてくる。そして「ナナもね」、と笑う横顔はこの家のように、あるがままで満ち足りていた。

上・縁側には竹竿を渡し、冬の間、柿を吊るす。
下・5月頃からは麻の蚊帳を吊って3人川の字で眠る。通る風が心地よい。

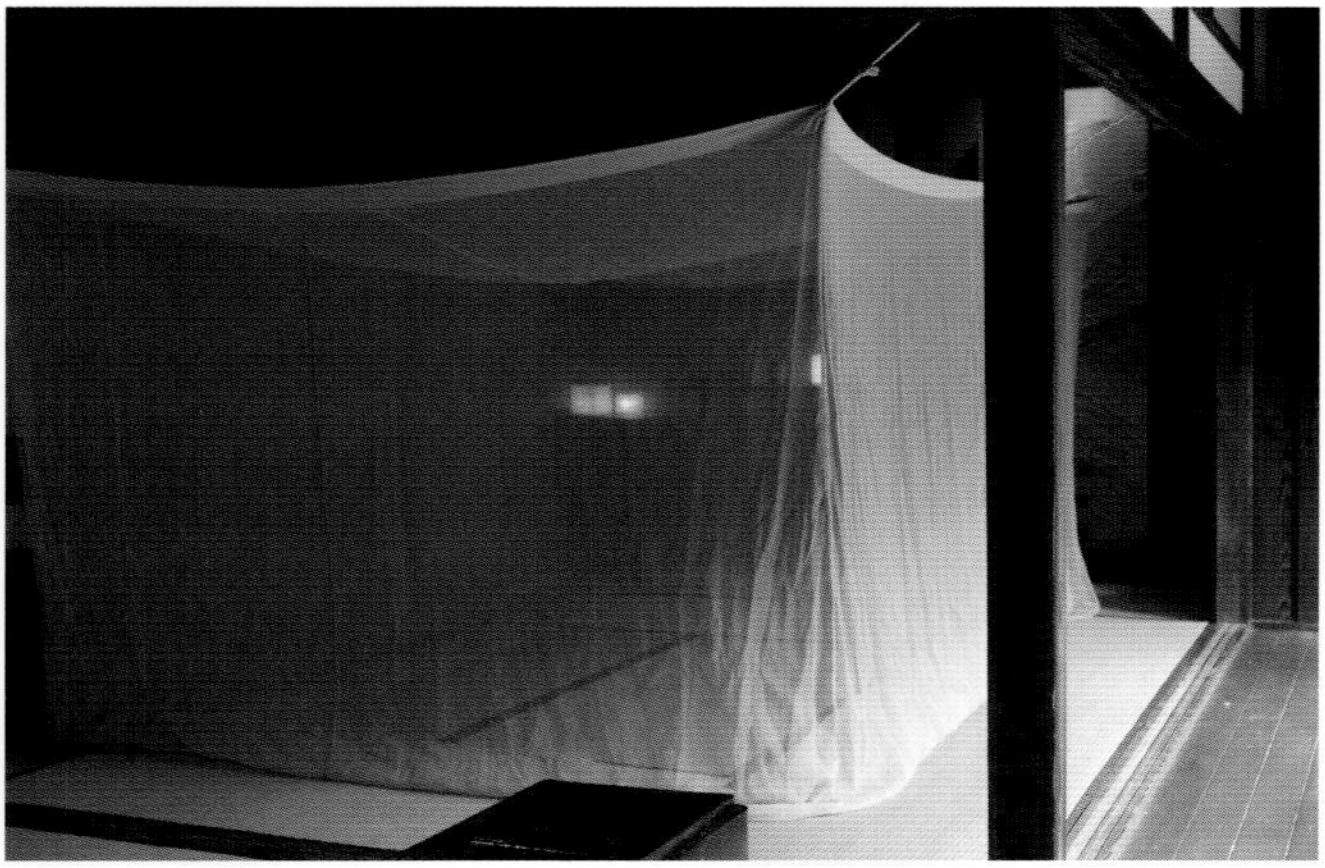

裏庭で乾物作り。自家製切り干し大根や干し椎茸、大豆など。

格式ある玄関から
枝を伸ばした
木々の下をくぐって
飛び石を伝うと
縁側へ。

縁側に面した八畳間。
普段は火鉢と和箪笥だけ。

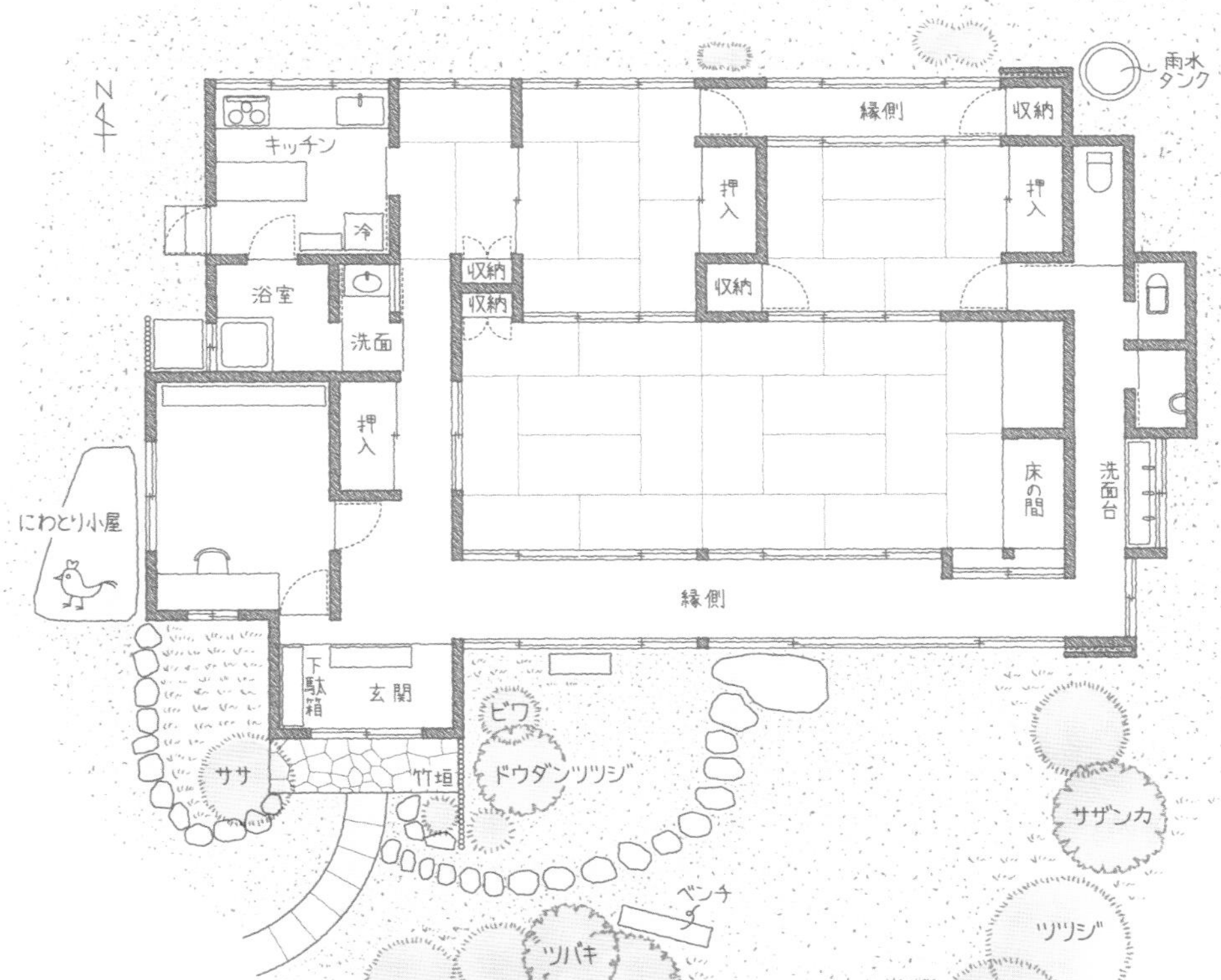
N
雨水タンク
縁側
収納
キッチン
冷
押入
押入
浴室
洗面
収納
収納
収納
押入
にわとり小屋
床の間
洗面台
縁側
下駄箱
玄関
ビワ
ドウダンツツジ
ササ
竹垣
サザンカ
ベンチ
ツバキ
ツツジ
ツバキ
ウメ
サルスベリ
ドウダンツツジ

ものの本質と向き合える広縁のある金継師の家

黒田雪子さん
金継師
［東京都］一人暮らし

光や植物の気配を感じていたいから、戸は開け放しておく。麻のカーテン越しの日差しが柔らかい。

初夏の枇杷から梅、柿、夏蜜柑。庭の果樹を収穫後、作業するのも縁側で。

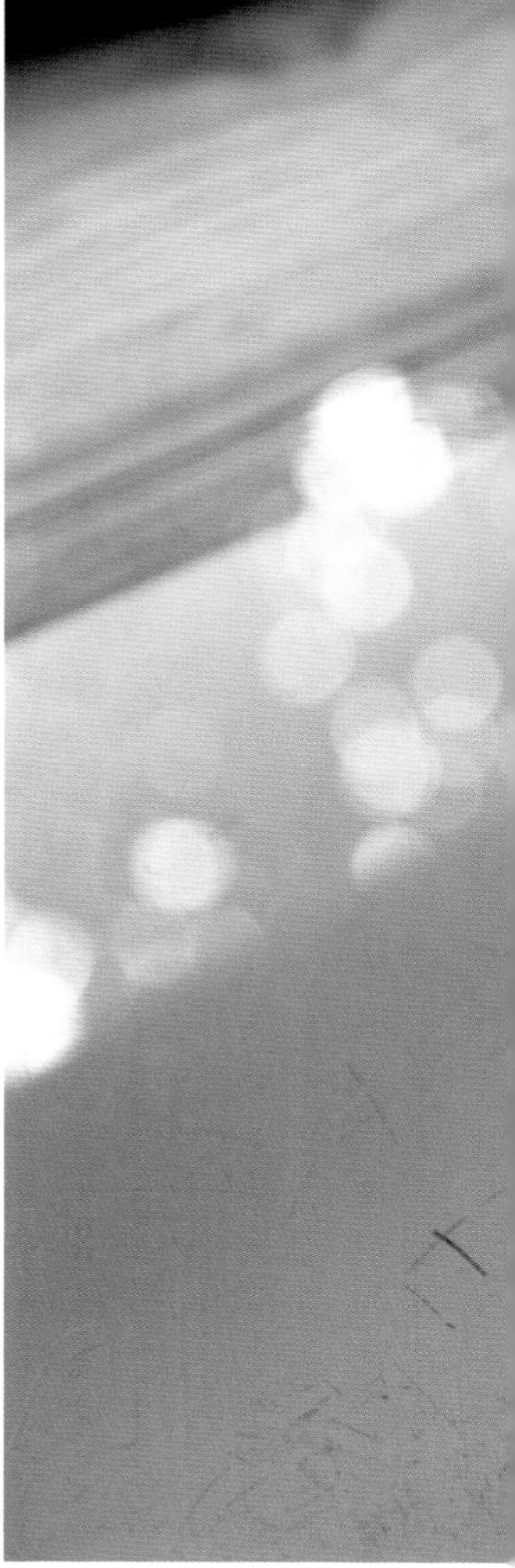

金継ぎは庭に面した
作業部屋で行う。
カケ、ヒビを漆で
埋め、乾固した後に
金粉や銀分を蒔く。

ただ眺めているだけで
こんなにも落ち着く庭の存在

路地の奥にひっそりと佇む平屋の日本家屋。門をくぐると、サルナシや山椒など和の植物が葉を揺らす。玄関から見えるのは二間続きの広々とした座敷。その先には奥行きの深い縁側。梅や枇杷、柿の木が繁る庭がまぶしい。

この家に暮らす黒田雪子さんの職業は金継師。古くは鎌倉時代、遠くはペルシアから、時代と国を越えて集まってきた器を、漆と金銀の粉を使って修繕する。家は仕事

床の間のある奥座敷。
書院障子から入る光が
陰影を作り出す。
庭で採った蔓を輪にして。

住宅街の中の
豊かな庭は、虫たちの
オアシス。蛾や蝶、
さまざまな昆虫が
卵から孵り、
飛び立っていく。

ラユキゲシなどが混じる。ただぼうっと庭を眺めていると、頭が空っぽになってリセットできる。「まるで一服のお茶を飲んだような効用があります」。

「食べ物が体を作る」というけれど住む環境が、人をつくる

現在の黒田さんの生活は、この敷地内を軸にしている。器を継ぎ、仕上がりを確か

外の気配に耳を澄ます愛猫の百《もも》。やがてそっと庭へ降り立っていった。

庭と対話して過ごす聖域のようなサンルーム

オガワジュンイチさん
セラピスト
[神奈川県]一人暮らし

庭で摘んだばかりのゼラニウム、ミント、レモンバーム、ローズマリー。

サンルームに風が吹き抜ける。本棚に掛けた麻布が舞い上がる。

毎日欠かせない
エッセンシャルオイルや
アロマミストは
取っ手付きの
シェーカーボックスに。

場所は、心も体も整えてくれる。

天気のいい日は
サンルームの戸を開け放つ。
庭までがひとつの部屋のよう。

ショウケースには
自作のアートピース。
皿の破片、ちぎれた紐、
お菓子の箱など日常生活の
不要品で制作。

客をもてなすお茶は「お会いしてから」調合。「ハーブが教えてくれるんです」。

アーティストが代々住み継ぐ豊かな庭のある住居

鎌倉の山手、広い庭に面した黒塗りの家は、昭和30年頃建てられたとは思えないモダンな空気をまとう。この家は、セラピスト、オガワジュンイチさんの住まい兼アトリエ。庭に面したサンルームではセッションやワークショップ、ライブなどさまざまな催しが開かれている。

代々の住人にはアーティストが多い。庭に面した10畳ほどのサンルームは、なかでももっとも長く住んだ写真家がスタジオとして増築したスペース。ダイニングから3段、階段を降りると広がる第二のリビング空間だ。天井には光採りの天窓がある。早朝、この窓からの光はオガワさんが「天使の梯子」と呼ぶ光の帯を形づくって、ガラス張りの室内を神々しく照らす。「ここはセッションルームでもあるから、僕にとっての聖域。いつもきれいに整えておくようにしています」。仕事の前にヨガをしたり、瞑想のひとときをもつこともある。

南側の扉を全開すると庭とひと続きにつながる。木立が隣家を隠し、視界に入るのは緑、空、鳥や虫たちだけ。この豊かな庭と付き合える人に住んでほしいというのが、大家さんの意向でもあった。「オーナーは姉妹のマダム。入居の前に面談があって、『あなたなら大丈夫そうね』と。庭の世話をきちんとする、というのがここに住むための条件でした」。

ハーバリストでもあるオガワさんの植物との付き合い方は、まるで人との対話のようだ。「この家は疲れていたり、悲しいことがあったり、ちょっと元気をもらいたい人が訪れる場所。植物と距離が近いと心も体も回復が早いから、あまり刈り込まないようにしています。僕自身も毎日話しかけながら

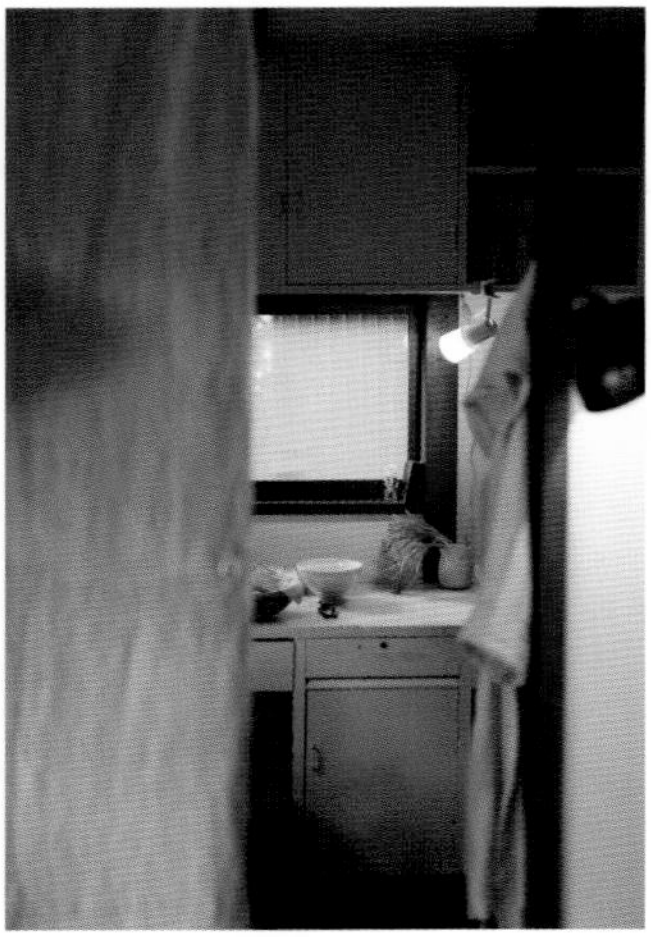

リビングから
キッチンをのぞく。
細長いキッチン
カウンターは、
静かで落ち着く
「個」の場所でもある。

庭の恵みは料理に
ふんだんに使う。
新鮮な香りをまとい、
繊細な味わい。

サンルームの屋根から濡れ縁を見下ろす。玄関から続くレンガの小径の脇はハーブガーデン。

家は竣工当時から変わらない黒い塗装。
右手は和室。「強い信念を感じる家です」。

世話をして、ハーブを摘んだり、その葉や花でお茶を作ったり。そうすると、くさくさしていた気分がいつの間にか消えていく。自然って魔法なんだなって思います」。

芯の通った
頑固親父のような家

しかし本当は、掃除も庭いじりも苦手だという。「この家は人に喩えるなら『頑固親父』。強い信念を感じます。一本きりりと通った〝美意識と哲学〟があるんです」。水まわり以外は竣工当時の姿を留めるこの家に、たとえばサッシの窓はひとつもない。台風が来れば家中ガタガタと揺れるし、雨戸を閉め忘れたら水浸し。夏はサウナのようで、冬はとにかく寒い。でも、「そうやって自然と共に暮らしていく、それが生きること、という哲

サンルーム手前の一角をリビングに。友人から譲り受けたヴィンテージ家具が並ぶ。

学がこの家には染みついているんです」。

この家に住み始めた当初、知人たちから「ここなら似合いそうだから」と、名作といわれる家具や古いものが自然と集まってきた。アアルトの半円テーブル、アルフレックスのソファ「マレンコ」、リビングや2階の寝室には、それらがしっくり収まっている。椅子ひとつ置くにも、家の醸し出す空気を壊さないように、頑固親父の声なき声に耳を澄ませた。

毎日庭を掃いて、サンルームから始めリビング、和室、寝室を掃除して、自然と向き合って時が過ぎていく。そんなストイックともいえる日々を「神社の神主さんになった気分」と笑う。5年目の今はようやく頑固親父とも「対等に意見できるようになったかな」。

最近、ギターを始めた。サンルームの隣は、茶室でもある簡素な和室。その濡れ縁に座って、コードが難しい、とつぶやき

小ぶりなダイニングテーブル。
キャンドルの灯が心を落ち着かせ、集中させてくれる。

ながらぽつぽつと爪弾く。音の余韻が風に乗って消えていく。ここでは朝食をとったり、アシスタントとお茶で一服したり、満月の晩にはお月見も。そんな遊び心を楽しむ余裕もできてきた。「縁側があると生活のバリエーションが豊かになりますね」。

オガワさんの立ち居振る舞いに合わせて、周りの空気がふわりと動く。しばらく沈黙していた家が息を吹き返し、大らかに笑っている、そんな印象がある。家と人ではあるけれど、確かに父と息子のような絆が育まれているようだから不思議である。

庭とは毎日、
話しながら向き合う。
「今日採れた枇杷は
甘酸っぱい」。

室内にも
小さな緑を
あちこちに。

寝室の隅に置いたアアルトの椅子も知人から。破れた座面もそのままに愛用。

朽ちかけた小さな椅子が
門番のように屋敷を守る。
ここから先は
住まい手と客だけの
大切な場所。

ゆったりとした玄関。
扉の左右と上部は
擦りガラスで
ほのかに光を通す。

玄関ホールから
寝室へ続く階段。
窓辺にはドライハーブを
吊るして。

デッキに座って
海を見る
太平洋に浮かぶ
気持ちで

墨屋宏明さん
アートプロデューサー
墨屋夕貴さん
コンテンポラリージュエリー作家
［神奈川県］夫婦＋子1人

どんな日も海が見える。
休日はヨットが通り、
空気が澄んでいれば
伊豆大島まで見える。

昭和14年築、往時の趣を残す2階の和室。現代アートで客をもてなす。

テラスの眼下はデッキと庭。木の枠にはハンモックを吊ることも。

和室は二間続き。奥の部屋からもテラスの向こうまで視線が抜ける。

和洋折衷の雰囲気が
居心地いいリビング。
木のボックスを
積み重ねた本棚には
アート関連の本が多い。

元は庭だったスペースに
デッキを張って改築した。
「視線がすーっと
伸びるので、部屋が
広くなったように感じます」。

玄関を入ってすぐの階段。
ゲストルームにもなる
2階へのアプローチを
さまざまなアートが彩る。

デッキとつながるサンルーム。その奥にリビング、ダイニングと扉なしに続く。

安らぐ景色がいつもそこに

まるで凪いだ海のように、普段は親子3人の穏やかな日常がある。2歳の娘さんは浜辺で拾った石を並べ、手作りの段ボールハウスを出たり入ったり。夕貴さんは制作中のアトリエから、いちじくの木の合間に海を見ては気分をリフレッシュさせる。「ずっと座って作業しているので、時々外に出てストレッチをして。海

を見ていると、ありきたりですけど、自分が考えていることなんてちっぽけだと思ったりしますね」と微笑む。

宏明さんは都内のオフィスから帰宅すると、まずデッキに向かう。ドアを開ければ小さな娘を真ん中に、温かく和やかな世界が待つ。そこへ戻る前に一人、夜の海や星や月を見上げるのが習慣だ。「茶室に入る前のつくばいのように、社会の一員から自分自身へ切り替わる時間なんでしょう」。

夜の海は暗い。でも満月のときは海面に「月の道」と呼ばれる光の帯が映る。「夏はさそり座がどーんと見える。空が広いですよ」。

大きな空と海の真ん中にある家で、ちっぽけな自分を感じて眠りにつく。自由を知る魂の休息の場とは、こういう所なのかもしれない。

リビングの奥（北側）はミッドセンチュリー風の椅子が集まるダイニング。
ペンダントライトは低めにつけ、あたたかく、ほっとする場所に。

リビングの一角、
古い薬棚に
夕貴さんの作品を展示。

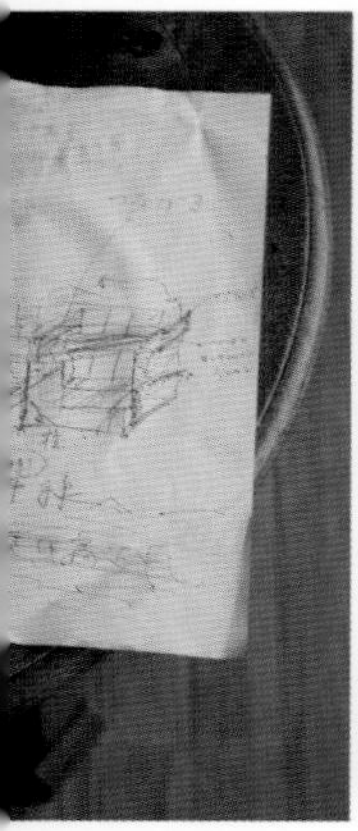

改築時に制作した
模型からは地形の
高低差がよくわかる。
左は宏明さんが
描いたスケッチ。

夕貴さんのアトリエ。
作業台に金属加工の道具が並ぶ。
「この家に来て生活と作品の間の
矛盾が少なくなりました」。

掃き掃除と拭き掃除は日課。
家を居心地よく整えるのが
気持ちいい。

呼び鈴を鳴らして門を入る。トンネルのような通路を抜け、中庭の先が玄関だ。

ニュータウンの高台に
ただ1軒残る榎本邸。
かつては麦藁葺き屋根だった。

畑で採ってきたばかりのキュウリ。お客さんが来ると手編みの座布団をすっと差し出す。

多摩ニュータウンの真ん中で四代前から変わらず住まう

「こんな所は、このまわりにもう他になかんべ」。この家の四代目の主人、榎本征史さんは縁側に腰かけ、煙草を燻らしながら感慨深げに言う。「家ができて、道路ができて、丘まで削ってな。世の中の変わりようだな、驚くのは」。家のすぐ裏には樹齢三百年の欅《けやき》が守り神のように立つ。目の前の井戸端では、これも古い柿の木が小さな青い実をつけている。

家の前の緩やかな坂を降りると畑。作業に疲れたら縁側でひと休み。

「こんな所は他になかんべ」と言う理由は、丘を降りればすぐわかる。戸建て住宅が建ち並び、高層マンションも目に飛び込む。この家から眺める景色からは想像もつかない

畳の間は奥に3室、横に2室並ぶ。お盆と正月には親戚が30人ほど集まり、それはにぎやか。

が、ここは多摩ニュータウンの真ん中。昭和46〜47年頃、ニュータウン計画が持ち上がり、同じ部落の人々が一斉に土地を売り、住まいも建て替えた。しかし征史さんのお父さんの「この家なら建て替えなくてもまだもつだろう」の一声で、榎本家は当時の姿のまま今日を迎える。

光子さんが嫁いできた頃は11人の大家族だったが、兄弟たちが嫁ぎ、やがては子どもたちも独立すると、広間は急にがらんとなった。お盆や正月ともなれば、親戚一同が集まって箱膳がずらりと並んだこと、布団を敷き詰め蚊帳を吊って眠ったこと、田植えと麦の刈り入れが重なる6月には、外が見えなくなるくらい縁側に麦の束が積んであったこと。そんな思い

かけっこができるほど長い縁側。柱には背丈の印、壁には落書きも残り四世代の住み跡が重なる。

出も今は昔。変わらないのは毎朝光子さんが雨戸を開け、はたきで埃をはらい、ホウキで掃いて広間と縁側を清々しく保っていることだ。縁側と広間の間の障子を年中開け放しておくのも、百五十年前から変わらぬ習わしという。

台所の隣、食堂だった部屋は今は夫婦のくつろぎの場。かつては箱膳を並べ、家族11人で食事をした。

征史さんの一日は規則正しい。夏は4時半には起き、朝日を浴びながら朝食をとる。朝は、南東向きの縁側から奥の食堂まで日が差し込む。「朝日が全部入るのな。あれがいちばん気持ちいいな。朝日を浴びながら朝飯を食べる、いいもんだ」。朝食後は丘を少し下った所にある畑へ。10時と3時には縁側に腰かけて一服する。「地下足袋を脱ぐのが面倒だからな」。いつももたれる柱には、子どもの頃に背丈を刻んだ跡が残り、隅の壁には木炭で書いた落書きがある。家の過去の景色が重なる場所で、征史さんは一人、どんなことを思いながら座っているのだろう。

10畳の広間は
昔、板の間だった。
縁側から
農作物を上げ、
皆で作業
するのにも使った。

昔ながらの開かれた家

ご近所さんや友達が訪ねてきたときは、座布団を差し出し並んで座る。「こんなに毎日お茶を出す家もない」と光子さんがいうように、誰かしら立ち寄らない日はないのだとか。「縁側があるでしょ、だから皆さんよく寄ってくださる。開放感があって気持ちいいから」。お茶請けには手製の漬物がつくことも。お姑さんから受け継いだぬか漬け、昔このあたりでよく採れたという蕨の醤油漬けは皆が楽しみにする季節の味だ。

畑仕事をしていると、散歩中の近隣マンションの住人に「何を

朝から夕方まで一日のほとんどを世話して過ごす。採れた野菜は近所にお裾分け。

作っているんですか」と声をかけられる。ひとしきり話した後、「お茶でも飲むかい」と誘うのだそう。「じいじが知らない人を連れてくる」と同じ敷地内に住むお嫁さんは笑うが、坂を上がり大きな紅葉の木の横を過ぎてこの家が現れたとき、その人の驚きがどんなかは想像に難くない。

夕方、畑仕事を終えた征史さんの所に、お母さんに手を引かれた女の子が歩いてきた。前庭に駐車スペースを借りている親子で、保育園からの帰り、毎日挨拶に寄るのだそう。「いつもならすっ飛んでくるのにな」。恥ずかしそうにおせんべいをもらうと、振り返りながら紅葉の木の下に停めてある車に乗った。いつの間にか日もとっぷり暮れて、何台か停まっていた車も皆いなくなった。ひと風呂浴びた後は、光子さんとおしゃべりしながら晩酌を楽しむ。「おてんとさんと同じ」、征史さんの一日がもうすぐ終わる。

畑で採れた野菜を使い、二人分の食事をこまめに調える。

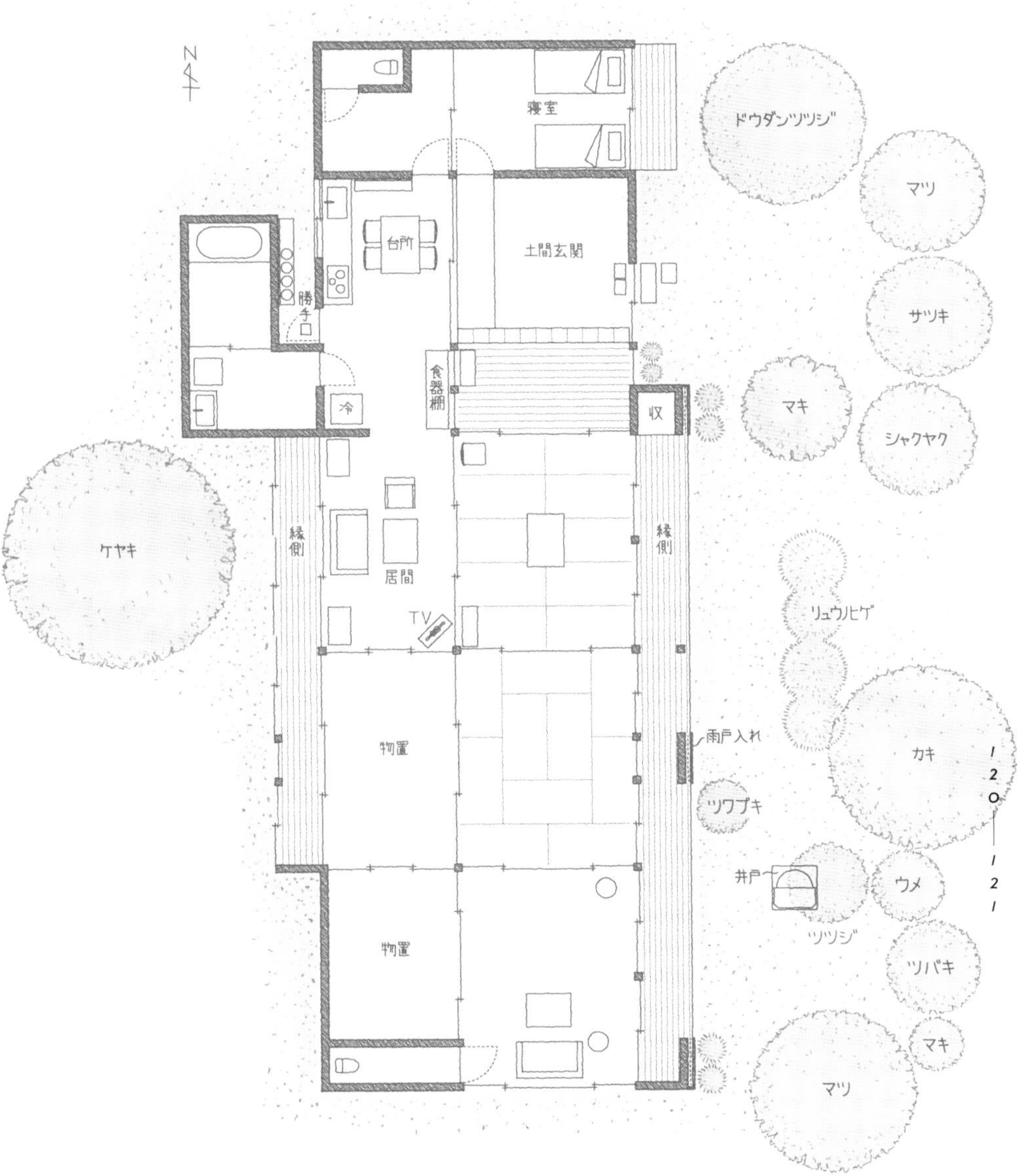

N
寝室
ドウダンツツジ
マツ
台所
土間玄関
サツキ
勝手口
食器棚
冷
収
マキ
シャクヤク
ケヤキ
縁側
縁側
居間
TV
リュウノヒゲ
物置
雨戸入れ
カキ
ツワブキ
井戸
ウメ
ツツジ
物置
ツバキ
マキ
マツ

テラスの脇、
絵本から出てきたような
ガーデンハウスは
子どもたちが大好きな遊び場。

午後の日差しが
綿毛のような
スモークツリーの花を
通り抜ける。

右・住まいの中央にまっすぐ延びる廊下。
左・ダイニングから庭を見て。
ガーデンテーブルには、
リス用のくるみを置いたりも。

水辺も豊かな庭もある 運命の立地にシンプルな平屋を

葉山の海のほど近く、住宅街のなかに急な坂が現れた。ガレージの脇をまわると、新緑から濃い緑へ移り変わりつつある初夏の庭。ライトグリーンの葉が繁るライムの木、オレンジ色の花をつけたザクロの木、ビバーナムやノリウツギの茂み。庭を歩きながら午後の日差しを浴びるメラレウカの花に目を留め、「きれいだな」と呟くのはご主人、小川恭平さん。「スノーインサマーというんですよ」。花の名前がすっと出てくるのは、庭の植物はすべて自ら植えたものだから。

広い敷地に建つ白い家に暮らすのは、夫妻と3人の子どもたち。葉山で土地探しをして3軒目、やや急な坂道を下ったときには、もう「ここにしよう」と妻の幹

子さんに話していたのだとか。東から南にかけて半円を描くように川に接し、庭から直接、河岸に出られる珍しい立地。「湖畔みたいな場所が理想で。水辺もほしいし、緑もほしい。本当は野尻湖のあたりに住みたいくらいだったので」。
家を建てる前はタブノキが1本と雑草が生えているだけだったが、すでに思い描くイメージはあった。

前と横の窓からたっぷりと光が注ぐキッチン。ポップなツールが楽しげに並ぶ。

「子どもたちも小さいから、今はハッピーな色がいいなと思う」。家中のカラフルなインテリアは、そんな気分を表している。

「写真集などを見ていると、地中海やメキシコの白やパステルカラーの家が好きだな、と。窓の外の景色も理想に近づけたかったから、外で過ごすのが気持ちいいようにテラスがほしいと建築家に伝えました」。その結果、家は木々に溶け込むようボリュームを抑えた平家に。テラスはその真っ白な外観をすっと延ばしただけのシンプルなフォルムになった。庭で遊ぶ子どもたちは、喉が乾いたり、お母さんの顔が見たくなったりするとここへ駆けてくる。奥行き1.5メートルとゆったりしたスペースは、豊かな庭に向かって差しのべられたやさしい手のような存在だ。

子どもたちの声が音楽代わり

ファッションスタイリストとして多忙な日々を送る恭平さん。お気に入りのキリムを敷いて、テラスに寝転んで子どもたちの声を聞いているときが幸せ

テラスに敷いていたキリムをかぶってリビングを行進中。

玄関に午後の光が差し込む。
手前には百日紅の木。
帰ってくる家族を迎える。

フラットで伸びやかな平屋。
白の中にも表情のある
塗り天井と壁が
光を美しく反射する。

だと話す。「ここに住んでから家では音楽を聴かなくなりました。今は子どもたちの声がいちばんいい音楽」。一方、幹子さんにとってテラスは応接間がわり。友人たちとお茶をしたり、料理を持ち寄ってピクニックのように食事をしたり。きっと、ここで過ごす時間自体が最高のおもてなしに違いない。

仕上がりつつあるように見えるこの庭だが、実はまだ半分しか完成していないという。「家を建てるということは、僕にとって大きなプラモデルを手に入れたような感覚。一生遊べるプラモデルですね。ベンチの下に石畳を敷いたり、ツリーハウスを作ったり。まだまだやることはいっぱいあります」。

高校生の頃は美術の先生になりたかったそう。真っ白な家は、プラモデルでもあり、キャンバスでもあるのかもしれない。

庭仕事の道具を収めた小屋は
リキュウバイの陰に隠れるように。

玄関から
庭へ抜ける
短い廊下。
突き当たり、
フィックス窓の外に
見えるのは
ジューンベリー。

朱赤の花はザクロの木。
庭いちばんの大木である
タブノキに登ると
家の全景が見える。

リビングの窓から庭をのぞむ。スタンドランプには子どもの工作、窓の桟にはてるてる坊主。

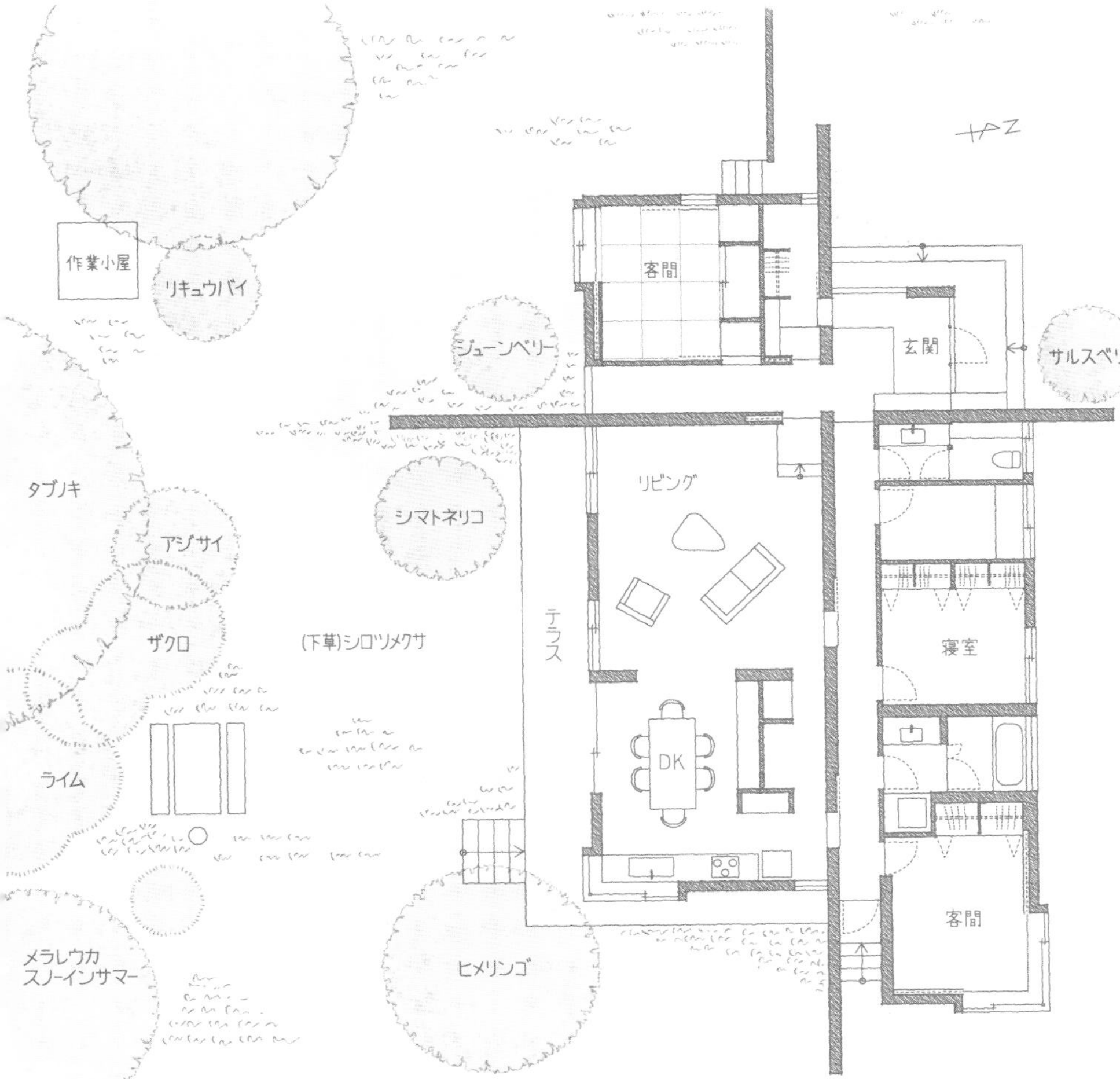
作業小屋
リキュウバイ
客間
玄関
サルスベリ
ジューンベリー
リビング
シマトネリコ
タブノキ
アジサイ
ザクロ
(下草)シロツメクサ
テラス
寝室
DK
ライム
ヒメリンゴ
客間
メラレウカ
スノーインサマー

部屋からデッキ
庭、屋根の上
住宅街の中の
小さな原っぱ

小林暁男さん
［千葉県］夫婦

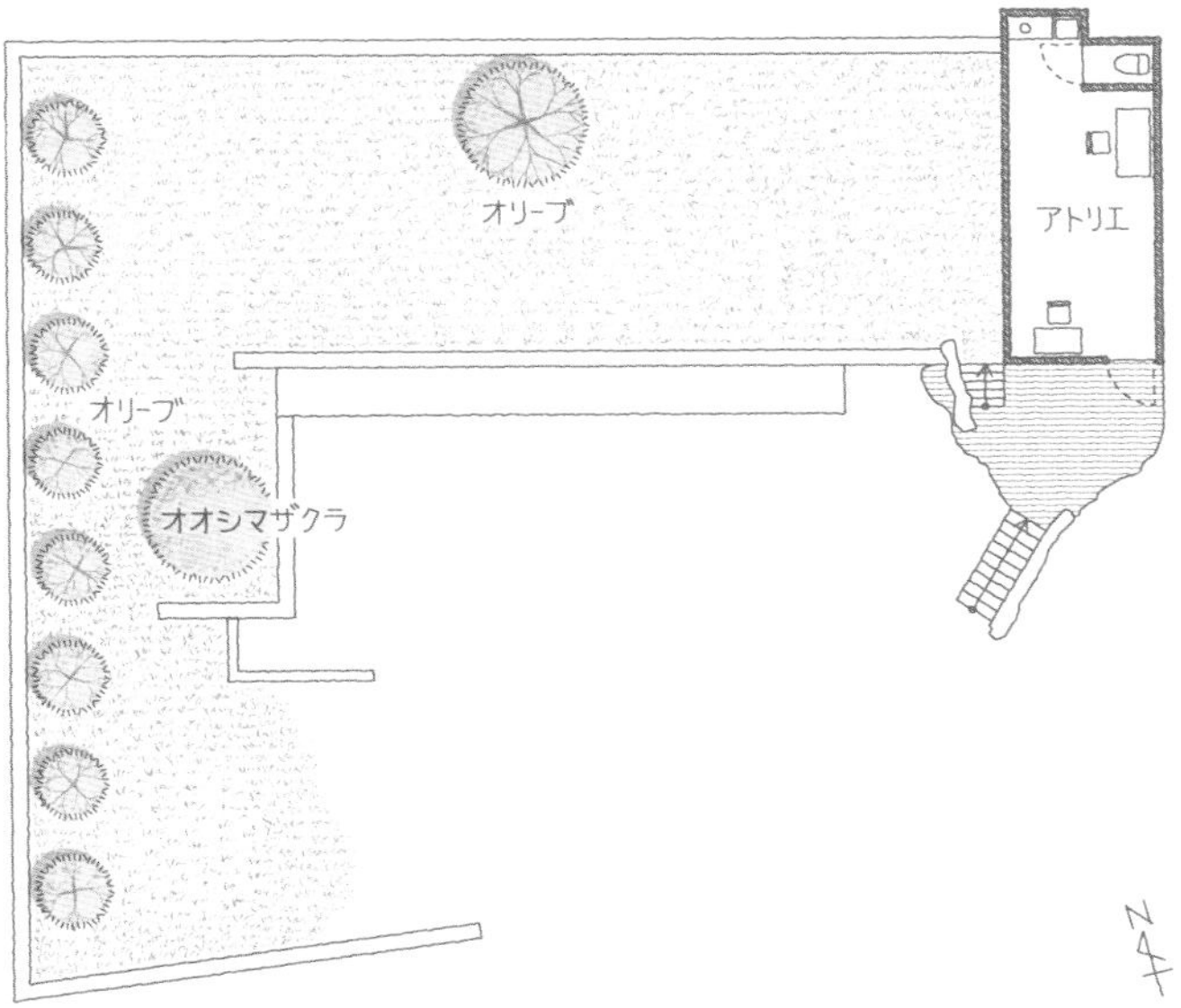
オリーブ
アトリエ
オリーブ
オオシマザクラ
N

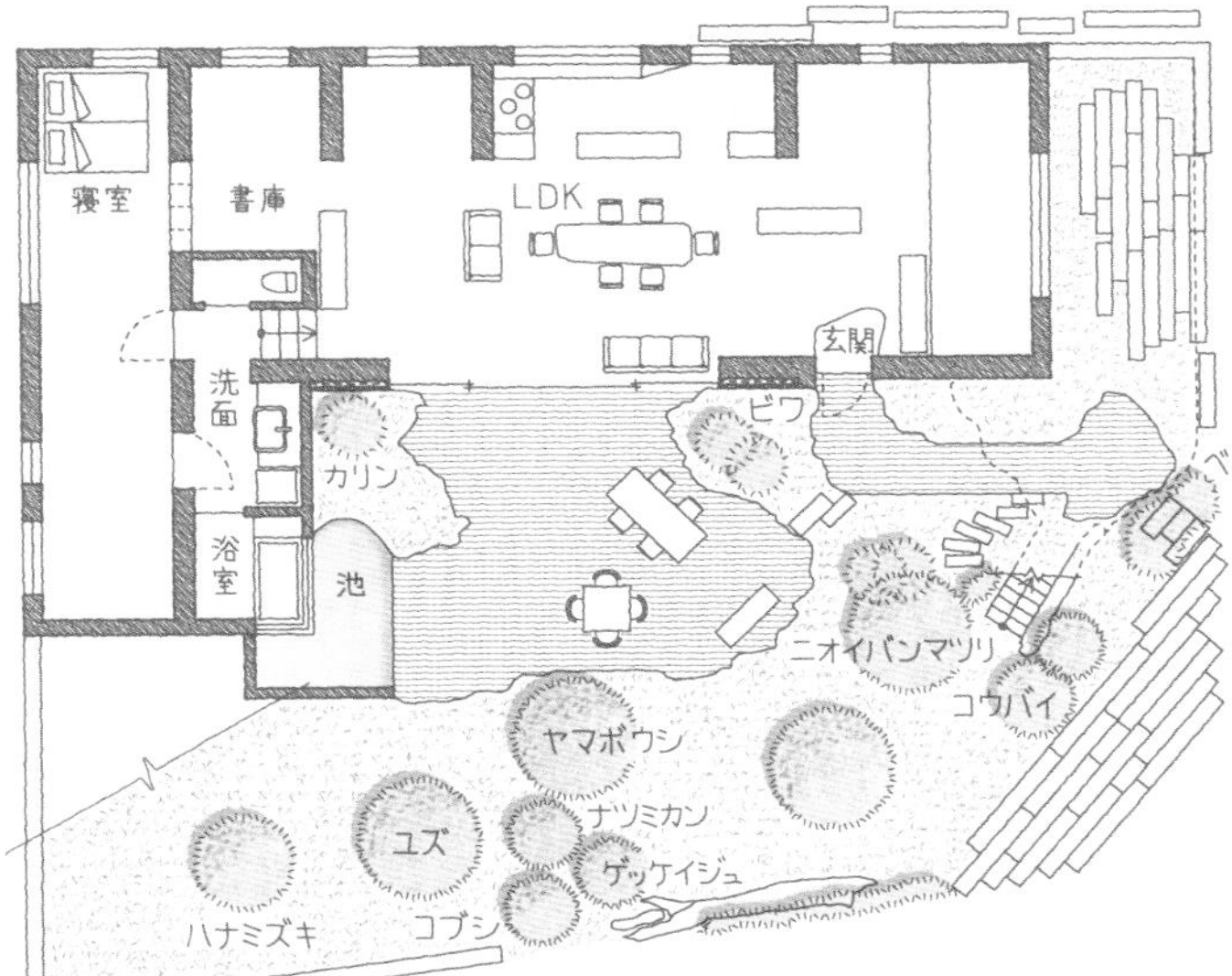
寝室
書庫
LDK
玄関
洗面
浴室
池
カリン
ビワ
ベニバスモモ
ニオイバンマツリ
コウバイ
ヤマボウシ
ナツミカン
ユズ
ゲッケイジュ
ハナミズキ
コブシ

「作りながら住む」が楽しい庭とつながる家具職人の家

下田則敏さん、直美さん

金属加工、家具・テーブルウェア製作

［埼玉県］夫婦＋子2人

403-9

的で。実際に生活の中で使うものを作りながら暮らすというのが新鮮で、いいなあと」。

家を建てるときも、内装は夫婦二人で手がけた。石膏ボードや床を貼るところまでは工務店に頼み、あとは友人たちの手を借りながら壁を塗り、キッチンも収納もほとんどすべてを作った。足場を組んで塗った玄関ホールはざらっとした風合いのシラス壁。吹き抜けから光が差し込む様子は神秘的ですらある。

「自分の中には小さい頃に通っていた古い教会のイメージが残っているんだと、家作りを通して気がつきました。蔦が絡んだ白い壁や、ステンドガラスの光や」。

イメージの膨らむままに

デッキを作ったのは、家に手を入れるとき、作業のできる半屋外のスペースがあるといいと思ったから。家庭菜園で野菜や果樹を育てるのが好きな直美さんにとっては、庭とつながる場所がほしかったからでもある。土台から手掛けたこの場所は今、ミモザ、ハニーサックルなど丹精込めたグリーンに囲まれて、まるで東屋のようだ。

ここでは仕事の家具製作をするときもある。納品の直前、組み立てや簡単な塗装などは、家事の合間に直美さんも手伝う。「部屋のすぐ隣にこういう場所があると、家

リビングの壁、天井の左官も自分たちで。
古民家から譲り受けた古材を
飾り梁《はり》として取りつけた。

独特の静けさが漂う玄関。アンティークマーケットを巡って集めた家具が表情を添える。

でも作業できるのがいいですね。仕事場は機械や工具が並ぶ町工場ですが、ここなら気持ちがいいいし、家で休憩もとれるし」。棚を組み立てている周りには、直美さんが拾ってきたくるみや、近所の子が遊んでいったのか、ホウロウや木の食器のままごとセットが散らばる。工場とは正反対の家庭らしいのどかな雰囲気だ。

「ちょうど素晴らしい一枚板の天板が手に入ったところで、ダイニングテーブルを作り直そうか迷っているんですよ。変えるとしたら天板だけ？　脚も全部？」、テーブルを撫でながら考え込む。定期的に通う古道具屋や骨董市で何か使えそうな物と出合うと、家の中のここを変えてみようか？　とインスピレーションがわく。作業の途中でもそのままにしておいて、時間ができたとき取りかかれるし、塗装も乾燥も匂いを気にせずできる。暮らしながら思いつくままに手を動かす喜びを、この小さなスペースが叶えてくれる。デッキ自体も進化している。「このフェンスは先週付けたばかり。数年来、作りた

2階寝室の南側は裁縫スペース。直美さんはベビー用品などのハンドメイド作品も制作する。

いと言っていたのがようやく」、溶接から設置までした白い柵を指して言う。中学生になる娘さんたちからは、子ども部屋にドアを付けて、とせがまれている。「必要ない」と答えながらも、「自分たちでちょうどいいドアを見つけてきたら、考えてもいいかな」と話す中には、自分の手で作る面白さ、古い物と出合う楽しさを伝えたい親心が、ちょっぴり見え隠れするようだ。

スチールとガラス板で作った小テーブル。鉄は家具製作の上でも重要なモチーフ。

ダイニング外のテラスでコーヒータイム。階段は庭へと続く。

母屋とガレージをつなぐテラスにテントを張って過ごす休日も。

玄関のピロティには
造り付けのベンチ。
子どもと一緒に
通る車を眺めたり、
近所の人と
おしゃべりしたり。

思い出の景色を守りながら自分たちらしい家を

「何ができるの？」、「煙突があるからピザ屋さん？」、と建設中からご近所の好奇心をそそった小川さんの家。周囲にはまだ、ゆったりした敷地の農家も多く残る。家の正面にはこんもりと葉を広げる金木犀。そのすぐ後ろには母屋とガレージ棟を結ぶ外階段。道行く人からしたら、大きなアスレチックのようにも見えるのかもしれない。

祖母の家を受け継いだ小川さんは結婚を機に新築を決めた。建築家の西久保毅人さんへのオーダーはごくシンプル。「庭は金木犀と

家の正面の金木犀は祖母の時代からこの場所に。木の下は小さな原っぱ。

テラスは長男の遊び場でもある。通りかかった近所の人に「こんにちは」と挨拶。

庭には
ヒメイワダレソウの
薄紫色の小さな
花がいっぱい。

この土地を売って都心に小さな家を建てるという選択肢もあった。けれど今、窓を開け放ってテーブルで朝食をとりながら、子どもの頃から変わらない景色を眺めるとき、夜、庭のライトアップされた紅葉を眺めながらお酒を飲むとき、これでよかったんだな、と思う。思い出と現在の景色が重なり合う、豊かな時間はこの家にしか流れていないものだから。

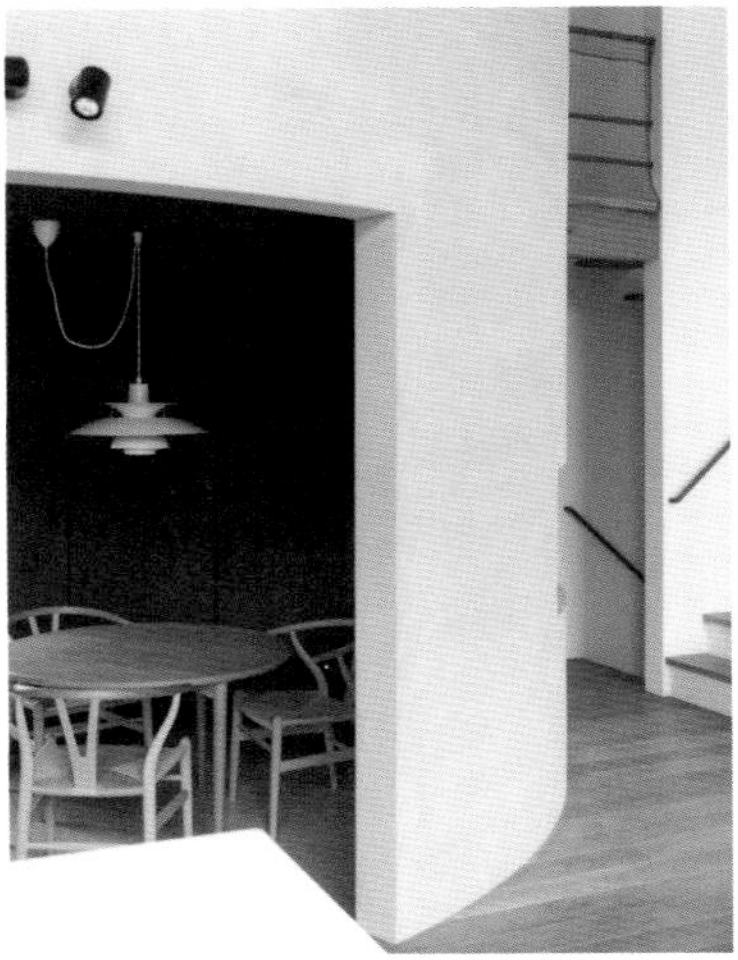

円弧を描く壁がLDと食堂を楽しく仕切る。
食堂の中にもダイニングセットを置き、
作りながら話す・食べるができる場所に。

吹き抜けのリビング。壁は「漆喰のような白に」とイメージを伝えた。照明はルイスポールセン「スノーボール」。

朝食と昼食は庭に面した明るいテーブルで。日中は子どもの遊び場でもある。

トレリスに絡んだ
ツルハナナス。
植栽は、女性たちが
好きな色の花を
咲かせるものを選んだ。

開かれた母屋が
左右にある長男邸、
次男邸をつなぐ。
通路兼縁側は
三世帯の憩いの場。

母屋のキッチンは
縁側につながる。
ここにまな板や蒸籠を
干すのも日課だ。

母屋のダイニング。
孫たちが帰ってくると
一層にぎやかに。

母屋のキッチン。及源鋳造の卵焼き器、フライパン、バウルーのホットサンドメーカーは三世帯で愛用の品。

暮らしてみて実感する「縁側はこんなにも実用的」

「おはよーっ」、元気な声と共にブラインドが上がって、長男の妻、佳代子さんと二人の孫が顔を出す。新聞を読んでいた義夫さんが顔を上げ、「おはよう」と返す。浅野家の縁側、いつもの朝のやりとりだ。

ギャラリーを営む千里さん、義夫さん夫妻が長男、次男の家族と住むようになって4年あまり。きっかけは「一緒に住もうと言ってくれたの。珍しいでしょ」、さらりと千里さん。母屋を真ん中に両端に長男邸、次男邸がある。それぞれ玄関のある独立した世帯だが、中に入れば縁側を通って行き来ができる、珍しいタイプの多世帯住宅だ。

3軒の家を縁側でつなぐアイデアは、この家を設計した建築家の中村好文さんの発案。間取りも意匠もすべてお任せしていたから、実際に住み始めてみて「こんなに実用的な縁側になるとは思わなかった」と驚いていると千里さん。朝はお嫁さんと縁側

天井にはトップライト。木製のルーバーが光を和らげる。

でコーヒータイム。孫たちは「おはようございます」、「いってきます」の挨拶を欠かさない。次男邸の庭のオリーブに虫がついたときは、虫の苦手なお嫁さんの尚子さんが呼びに来る。息子たちの帰りが遅いときは、料理を持ち寄って母屋の大きなテーブルで食事をするのが恒例だ。「女子会って呼んでいるんですよ」、3人は笑って言う。

3棟に共通するのは、明るい自然光が入る木の風合いを生かしたシンプルな空間。異なっているのは床材で、さりげなく女主人たちの個性を映し出しているようにも見える。母屋は温かみのある和栗。長男邸は明るく軽やかなバーチ材。次男邸は「この家に来たら掃除が楽しくなって」、せっせと磨いているという素足に気持ちのいいナラ材。佳代子さんは言う。「縁側でごはんを食べたり、

お母さんが幼稚園のお迎えに行っている間、皆が赤ちゃんを代わるがわる抱っこ。学校の宿題もここで。

縁側から長男邸に入ってすぐの壁は、造り付けの本棚。棚の一部がベンチに。

ついての相談事も。3人を見ているといわゆる嫁と姑を超えた親密さに驚かされる。「ここはそれぞれの居場所があるし、時には集まって一緒に過ごすこともできるのがいいわね」と千里さん。そしてこうも言う。「私はにぎやかな家庭に憧れていました。ここでは息子たちやお嫁さんたちが助けてくれるし、孫たちにも支えられている。人生にとって絆は大事。そんなつながりがすごくある家ですね」。

長男邸のキッチン。子世帯にもそれぞれ庭があり、カウンターにはそこで採れた果実や花を置いたりも。

次男邸から見た縁側。
壁際にはメダカの水槽。
各世帯、ブラインドが
上がっているときは
ウェルカムのサイン。

次男邸のデッキ。日当たりも風通しもよく、洗濯物を干したりオリーブの木を世話したりと楽しく使っている。